Schmollen, grollen, fröhlich sein

Geschichten von kleinen und großen Gefühlen

Katharina Mauder (Hg.)

Schmollen, grollen, fröhlich sein

Geschichten von kleinen und großen Gefühlen

Mit Illustrationen von Bjarke

Kaufmann Verlag

Bibliografische Information der Deutschen Bibliothek

Die Deutsche Bibliothek verzeichnet diese Publikation
in der Deutschen Nationalbibliografie; detaillierte bibliografische Daten sind im Internet
über http://dnb.ddb.de abrufbar.

1. Auflage 2015
© 2015 Verlag Ernst Kaufmann, Lahr
Dieses Buch ist in der vorliegenden Form in Text und Bild urheberrechtlich geschützt.
Jede Verwertung ist ohne Zustimmung des Verlags Ernst Kaufmann unzulässig und strafbar.
Dies gilt insbesondere für Nachdrucke, Vervielfältigungen, Übersetzungen,
Mikroverfilmungen und die Einspeicherung und Verarbeitung in elektronischen Systemen.
Druck und Bindung: DZS Grafik, Ljubljana
ISBN 978-3-7806-2963-0

Inhalt

Das Dreirad in der Dusche
Elisabeth Zöller 9

Für Papas Geburtstag macht Mama alles blitzblank sauber. Da will Clara auch ihr schlammiges Dreirad putzen. Richtig toll macht sie das! Leider ist Mama da ganz anderer Meinung …
Von Begeisterung und Enttäuschung

Nervkröte trifft Machoknödel
Katharina Mauder 15

Warum muss Lukas die nervigste kleine Schwester überhaupt haben? Das ist doch einfach unfair! – Und warum ist Linas großer Bruder der fieseste auf der ganzen Welt? Das ist doch wirklich gemein!
Vom Grollen und Schmollen

Bleib bloß da drin!
Sibylle Rieckhoff 24

Hellis Familie ist toll, genauso wie sie ist! Da soll sich am besten gar nichts ändern. Und aus dem dicken Bauch von Mama kann doch auch eine kleine Katze herauskommen und kein kleiner Bruder – das wäre Helli wirklich viel lieber!
Von Eifersucht und Zuneigung

Inhalt

Die Gartenmonster
Annette Neubauer 29

Anna und Moritz sollen zum ersten Mal alleine zu Hause einschlafen. Aber was sind das für unheimliche Geräusche im Garten? Ob da wohl Fauchmonster unterwegs sind?
  Von Angst und Zusammenhalt

Dominik und das Lieblingsauto
Luise Holthausen 36

„Tatütata!" Das Polizeiauto ist das tollste Spielzeug im ganzen Kindergarten! Und Dominik könnte heute Abend so toll weiterspielen, wenn er es sich einfach heimlich ausleihen würde …
  Von Versuchung und einem schlechten Gewissen

Indianer-Cowboy-Piraten-Ehrenwort
Kristin Lückel 41

Ganze fünf Tage will Papa wegfahren? Nein, das geht nicht! Aber sosehr Paul auch weint und schreit, Papa lässt sich nicht umstimmen. Ob Paul groß genug ist, so lange ohne seinen Papa klarzukommen?
  Von Trennungsschmerz und Vertrauen

Inhalt

Das ist mein Delfin
Sandra Grimm 50

Der kleine Tom ist ganz vernarrt in Maries Lieblingskuscheltier.
Aber wenn er sich den Delfin einfach ohne zu fragen nimmt,
darf Marie ihren kleinen Bruder doch auch mal anschreien, oder?
Auch wenn er dann ganz erschrocken und traurig guckt …
Von Genervtsein und Zuneigung

Kai liebt Sarah liebt Tim
Edith Schreiber-Wicke 55

Was hat Kai bloß für ein Brummeln im Bauch, Kribbeln im Magen
und Trommeln in den Ohren? Und warum findet Sarah dann
plötzlich Tim toller, obwohl doch alles so perfekt war? Auf
einmal ist das Leben ganz schrecklich – bis Hannah auftaucht …
Von Verliebtheit und Liebeskummer

Auch Piratinnen kämpfen
Claudia Ondracek 63

Wiebke wagt es nie, den Piratenjungs zu widersprechen – egal
wie sehr die sie herumkommandieren. Doch auf einmal taucht
ein Mädchen auf, das einfach auf dem Bootssteg sitzen bleibt,
obwohl die Jungs sie wegjagen wollen. Was die sich traut!
Von Mut und Selbstbewusstsein

Elisabeth Zöller

Das Dreirad in der Dusche

Papa hat Geburtstag. Mama hat alles so schön gemacht. Das Geschirr blitzt und funkelt auf dem Tisch, das mit dem echten Goldrand.

Mama hat in der Küche zu tun. Clara schaut im Wohnzimmer aus der Terrassentür.

Da sieht sie plötzlich ihr Dreirad. Das steht hinterm Haus – und ist voll von Matsche, weil Clara gestern, *ssssiit,* durch die Pfützen gesaust ist. Sie hat die Beine hochgezogen und laut *„Juchhu"* geschrien, als der Matsch *sooo* hoch spritzte.

Und jetzt ist das Dreirad dreckig, viel zu dreckig für Papas Geburtstag.

Clara überlegt blitzschnell: Sie könnte jetzt ganz leise schleichen und aus der Küche Eimerchen, Wasser und einen Lappen holen.

Aber wenn Mama das mitbekommt, würde sie aufschreien wie ein Löwe. Das ist so bei Mamas, die einen Geburtstag vorbereiten und kochen müssen und aufräumen. Clara weiß das genau.

Und wenn Clara nur ihren Waschlappen klitschnass macht? Dann wird Mama grimmig gucken wie ein Wolf ….

Elisabeth Zöller

Nein, sie darf jetzt nichts machen, was Mama ärgert. Und auch nichts im Wohnzimmer oder im Gästeklo. Das ist alles schon picobello sauber für die tausend Gäste, die heute kommen.
Da hat Clara eine Idee. Ganz leise, wie auf Engelssohlen, schleicht sie sich an, wie ein Indianer so leise hebt sie ihr Dreirad – oh, ist das schwer. Wie ein Bär so stark schleppt sie es – uff, sie kann fast nicht mehr.
Und schon ist sie im Badezimmer.
Ihr Dreirad steht in der Dusche.
Das allererste Mal will Clara jetzt ihr Dreirad in der Dusche sauber machen.
„Ich mach dich jetzt sauber", sagt sie – genau wie Papa es sagt, wenn er sie abends abschrubben will, weil sie mit Emma Matschburg gespielt hat.
Sie beginnt, mit ihrem Waschlappen das ganze Dreirad abzurubbeln. Dann zieht sie den Duschkopf herunter.
Dabei wird sie nur ein bisschen nass.
„Das ist aber auch eine dicke Matsche!"
Sie reibt ganz fest.
Eine Bürste muss her.
Sie findet nur Mamas Haarbürste.
Die kann sie später wieder sauber machen.
Das spritzt und schäumt und duftet. Dabei hat Clara nur klitzewenig Schaum genommen. Und ist nur ein

Das Dreirad in der Dusche

bisschen nasser geworden.
Ab den Knien tropft es.
Der Popo ist noch trocken.
Und das Dreirad?
Blitzeblank.
„Sieht aus wie neu", sagt sie
wie Mama.
Und sie nimmt ihr Dreirad
und trägt es superheimlich
und blitzeschnell durch
den Flur, durch das Wohn-
zimmer …

Elisabeth Zöller

Tropf, tropf, macht es auf dem Parkett.
Tropf tropf, tropf, macht es genau vor dem langen, gedeckten Tisch.
Tropf, tropf, tropf, tropf, macht es vor der Terrassentür.
Geschafft. Ihr Dreirad steht blitzblank wieder vorm Haus.
Clara ist so stolz.

Doch da hört sie einen Schrei. Wie ein Löwe schreit Mama. „Wer hat denn hier alles vollgesaut?"
Was gebraucht Mama denn für Wörter?
Böse Wörter.
„Zum Teufel noch mal!"
Jetzt flucht Mama auch noch.
Das darf Mama nicht.
Und da steht Mama plötzlich vor ihr. „Clara, kannst du nicht ein Mal keinen Quatsch machen?" Mama steht da wie ein wütender Wolf.
Doch dann schaut sie Clara an. Clara, die so erschrocken ist. Clara, die sich so gefreut hatte. Clara, die auf einmal laut weint.
Mama hebt sie hoch, immer noch mit Wutmund. Dabei hat Mama noch nicht mal das saubere Dreirad gesehen! Mama merkt nur, dass der Pullover tropft. Sie me-

ckert über die Pfützen auf dem Boden. Und dann sieht sie ihre Haarbürste.
„Das ist ja wohl die Höhe!", ruft sie.
Da kommt Papa. Nimmt einen Lappen und wischt. Nimmt die Bürste und rubbelt sie trocken. Nimmt Clara und sagt nur: „Mein Mädchen."
„Ich wollte doch nur", schluchzt Clara da los, „ich wollte doch nur mein Dreirad für deinen Geburtstag fein machen. Ganz alleine."
„Das hast du eigentlich prima gemacht", sagt Papa.
„Aber Duschen sind nicht für Dreiräder, die sind für Menschen", erklärt Mama.
Und da kann Mama schon wieder lächeln. Und auf einmal lacht sie. Und da lachen auch Papa und Clara. Und alle drei machen sie alles wieder blitzblank und müssen dabei lachen, als wenn sie sich durchgekitzelt hätten.

Katharin Mauder

Nervkröte trifft Machoknödel

„Nein, nein, bitte nicht schon wieder! Wieso muss denn ausgerechnet ich die nervigste kleine Schwester auf der ganzen weiten Welt haben?"
Gereizt schielt Lukas zu seiner Zimmertür. Gut, manchmal ist seine Schwester auch ganz nett, zum Beispiel wenn sie ihre Ostereier mit ihm teilt, weil er seine schon alle aufgemampft hat. Mmmh, mjam, die Nougateier waren besonders lecker!
Aber meistens legt diese kleine Nervkröte es einfach nur darauf an, ihn in den Wahnsinn zu treiben. Ja, Lukas ist sich sicher, dass das tatsächlich ihr allergrößtes Hobby ist.
Doch die Masche, mit der sie es heute versucht, kennt er schon. Die ist gut, ja. Dieses träge Herumlungern im Türrahmen von seinem Zimmer, ohne irgendwas zu sagen – das bringt es in seinem Bauch schon nach kurzer Zeit immer zum Brodeln.
Aber heute wird er das alles einfach ignorieren.
Ignorieren, genau! Das Wort hat ihm Papa erst vorgestern beigebracht. Es bedeutet, dass man etwas überhaupt gar nicht beachtet und kein winziges bisschen

Katharina Mauder

darauf reagiert. Ganz egal, was passiert. Dann wird sein kleines Monster von Schwester bestimmt schnell gelangweilt aufgeben.

„Hihi!" Ein schelmisches Grinsen huscht über Lukas' Gesicht, sodass er sich schnell noch etwas tiefer über sein Blatt beugt und versucht, nur seine Batman-Zeichnung anzuschauen.

„Ja, der Umhang in dem ganz dunklen Blau sieht wirklich gut aus …"

Ob seine Schwester schon weg ist? Jetzt hat er sie doch schon richtig, richtig lange ignoriert. Wenn er den Kopf ein bisschen hebt, kann er den Türrahmen aus den Augenwinkeln sehen.

Nervkröte trifft Machoknödel

„Mist – sie ist noch da!" Und sie hat gesehen, dass Lukas geschaut hat. So leicht ist das mit dem Ignorieren gar nicht.
Aber warum kann sie denn nicht einfach gehen und ihn in Ruhe lassen? Stattdessen lehnt sie sich nun auf die andere Seite der Tür und schwingt hin und her.
Und zappelt mit den Hüften.
Fängt sie jetzt auch noch an, auf das Holz zu trommeln?

„Das ist doch fies! So ein verdammter Quälgeist!", ärgert sich Lukas und drückt mit dem gelben Stift viel zu fest aufs Blatt.
„Stopp! Das will sie doch nur, dass ich mich aufrege", atmet Lukas gaaanz tief durch. „Einfach weiter ignorieren, dann haut sie schon noch ab."
Sie trommelt schneller.
Lukas starrt auf Batmans Armbrust. Ist die auf einmal rot und sprüht Funken?
Sie trommelt lauter.
Lukas beißt die Zähne aufeinander, um nicht zu schreien.
„Duuu?!", quengelt sie.
Lukas' Hand ballt sich zur Faust. Tief in seinem Bauch kocht und brodelt es wie dickrote Lava.
„Duuuuuuuuu?!", drängelt sie.
Er steckt sich die Finger in die Ohren und beginnt zu summen. Gleich hält er es nicht mehr aus.
„Duuuuuuuuuuuuuuu, Luuuuki?!", ruft sie und trommelt nun auf Lukas' Schulter.
„WAS WILLST DU SCHRECKLICHE KLEINE NERVKRÖTE DENN SCHON WIEDER????", schreit er aus vollem Hals. Dabei explodiert die kochende Lava und spritzt durch seinen ganzen Körper bis in seinen Kopf und seine Zehenspitzen hinein. Wutbrodelnd starrt er seine Schwester an.

Nervkröte trifft Machoknödel

Die macht riesengroße Augen – fast ein bisschen ängstlich sieht sie aus. Dann macht sie auf dem Absatz kehrt und rennt davon.

* * *

Lina wischt sich eine Träne von der Wange. „Warum muss Lukas nur immer so gemein sein?" Bloß weil ihr Bruder älter und stärker ist als sie und mehr weiß, spielt er sich so auf. Ganz klein und blöd fühlt sie sich dann. Und genau das macht Lukas wahrscheinlich riesigen Spaß. Ja, Lina ist sich sicher, dass das tatsächlich sein allergrößtes Hobby ist.

Sie schnieft. „Voll fies ist das!", denkt sie und ihr laufen schon wieder ein paar Tränen herunter. Sie zieht ihre Beine an und umklammert sie mit den Armen ganz fest. Das macht das leere, schwere Gefühl in ihrem Bauch ein klitzekleines bisschen besser.

„Ich soll dich zum Essen holen, du doofe Nervkröte", brummt da eine Stimme hinter ihr. Das ist der Fiesling Lukas!

„Geh weg!", schluchzt Lina.

„Was ist denn jetzt schon wieder los, du kleine Heulsuse?", stöhnt Lukas.

„Du sollst weggehen!", wiederholt Lina und zieht sich ihre Bettdecke über die Knie.

„Ich geh ja auch. Aber du musst mitkommen – zum Essen!"

„Ich will nicht", sagt sie und zieht die Decke noch höher.

„Mama sagt aber, du sollst."

„Nein!", schreit Lina und verschwindet dann ganz unter der Decke. Lukas soll doch einfach nur abhauen!

„Doch, komm! Und zwar jetzt!", schnaubt er und will die Decke wegzerren.

„NEEEIEIEEIN!", heult Lina nun so schrill, dass Lukas laut seufzt.

„Oh Mann! Was ist dir Schmollnudel eigentlich schon wieder über die Leber gelaufen?"

„Ich bin keine Schmollnudel!", schluchzt Lina. „Du Pupsbacke!"

„Was nuschelst du da? Wenn du jetzt auch noch in dein Kissen beißt, versteh ich gar nichts mehr!"

Wütend wirft Lina die Decke von sich und schreit: „Pupsbacke hab ich gesagt! Und Schimmelschinken!"

„Motzkuh!", pampt Lukas zurück.

„Selber Motzochse!"

„Quengelbaby!"

„Du … du …", stottert Lina. Mist, wieso fallen ihr denn nie so tolle Schimpfwörter ein wie Lukas? Aber irgendwas muss doch … Sie will doch nicht immer die kleine, doofe … – „Du Machoknödel!", platzt es plötzlich

Nervkröte trifft Machoknödel

aus Lina heraus. Macho hat Mama gestern über einen Mann in einem Laden gesagt. Lina weiß eigentlich gar nicht ganz genau, was das heißt, aber so wie Mama klang, so fühlt sich Lina jetzt auch. Ganz fuchsig fauchend und als ob sie am liebsten Stacheln wie ein Igel hätte.

Aber Lukas sieht gar nicht so aus, als würde er sich aufregen. Stattdessen zieht er so komisch die Augenbrauen hoch. Und jetzt grinst er auch noch.

„Machoknödel gefällt mir irgendwie, kleiner Terrorteufel", kichert er schließlich.

„Pah!" Lina verschränkt die Arme und guckt extra böse. „Wer ist denn hier der Terrorteufel?"
Da zieht Lukas die Augenbrauen noch weiter hoch und sieht sie fragend an.
Lina guckt schnell weg, aber sie spürt Lukas' bohrenden Blick. Und sie merkt, wie das leere, schwere Gefühl in ihrem Bauch ihr schon wieder die Tränen in die Augen treiben will. Sie umklammert wieder ihre Beine ganz fest und zieht die Nase hoch.
„Immer schreist du mich an", murmelt sie dann.
Jetzt schiebt Lukas die Augenbrauen ein bisschen zusammen. „Na, daran bist du doch wohl selbst schuld, wenn du mich immer nur ärgern willst."
„Wollte ich ja gar nicht. Mir war nur langweilig …", gibt Lina ganz leise zu. „Und ich dachte, wir könnten … vielleicht … was zusammen spielen."
„Und warum fragst du dann nicht einfach?"
„Weil … weil …" Lina denkt nach. Warum fällt ihr denn keine Antwort ein? „Darum halt!"
„Weil du dachtest, Lukas-Ärgern ist doch auch lustig!"
„Gar nicht wahr!", ruft Lina. „Aber du hättest eh nicht Ja gesagt."
Da fängt auf einmal Lukas an, ein bisschen nachdenklich zu gucken. „Hm, könnte stimmen", gibt er schließlich zu.

Nervkröte trifft Machoknödel

Dass er ihr recht gibt, fühlt sich bei Lina irgendwie gut an. Das leere, schwere Gefühl geht davon allerdings auch nicht weg.
Doch dann hört sie Lukas tief Luft holen: „Wenn du das nächste Mal nicht nervst, sondern einfach nur fragst, sag ich vielleicht Ja."
Linas Magen macht einen kleinen Hüpfer. „Echt?!", flüstert sie.
Lukas grinst. „Echt! Schließlich kann ich gut verstehen, wenn du mit so einem tollen, starken, schlauen …"
Da muss auch Lina grinsen und sie verdreht die Augen. Das leere Gefühl in ihrem Bauch ist verschwunden.
„… unverbesserlichen Machoknödel von Bruder was spielen willst", zwinkert ihr Lukas zu.
Jetzt müssen beide ein bisschen kichern. Und dann gehen sie gemeinsam zum Abendessen.

Sibylle Rieckhoff

Bleib bloß da drin!

Das ist Helli. Und das ist Hellis Familie.
Wenn es nach Helli ginge, müsste sich daran auch niemals etwas ändern. Denn alles ist in Ordnung, genauso wie es ist.
Bis Papa eines Tages erklärt, dass man einen dicken Bauch nicht nur vom Schokolade-Essen kriegt.
„Du bekommst ein Geschwisterchen", sagt Hellis Mama.
„Wir bekommen ein Baby", sagt Papa.
Sie sehen beide so aus, als wären sie sehr stolz darauf.
Aber Helli bekommt zunächst nur eins: einen Riesenschreck. Und sie glaubt es einfach nicht.
So dick ist der Bauch doch gar nicht! Da passt ja überhaupt kein Baby rein. Allerhöchstens eine kleine Katze, und dagegen hätte Helli nichts einzuwenden.
Helli ist beruhigt. Mama und Papa haben nur einen Scherz gemacht. Ganz sicher!
Doch je mehr Zeit vergeht, umso dicker wird der Bauch. Dick und rund und prall. Wie ein großer Luftballon. So mag Helli ihre Mama gar nicht leiden. „Er passt nicht zu dir", sagt sie. „Er gehört da nicht hin." Und sie hat überhaupt keine Lust, ihn anzufassen. Ganz im Gegenteil.

Bleib bloß da drin!

Sie guckt lieber weg, wenn er sich so komisch bewegt. Und wenn sie daran denkt, dass in diesem Bauch ein kleiner Mensch sitzt, dann ist Helli überhaupt nicht fröhlich.

Was soll man anfangen mit so einem Baby, wenn es erst mal draußen ist? Wozu braucht man es?
„Gar nicht", findet Helli. Bestimmt macht ein Baby nur Lärm und Dreck ... und Unsinn.
Bestimmt lässt es einen nachts nicht schlafen und tagsüber nicht in Ruhe.
Und ganz bestimmt wird sich von nun an jeder nur noch um das Baby kümmern und Helli völlig vergessen.
„Bleib bloß da drin!", sagt Helli böse. Und sie meint es sehr ernst.
„Ich habe genug Freunde", findet Helli. „Ich brauche keine neuen." Aber wenn schon – ja, wenn denn unbedingt noch jemand dazukommen muss, dann bitte eine große Schwester. Die Helli schöne Frisuren machen kann. Ihr hübsche teure Kleider schenkt. Und die Helli später mal den Freund und den Lippenstift leiht.
Tatsächlich, eine große Schwester wäre gar nicht schlecht.
Aber das Leben ist manchmal gemein: Es wird keine große Schwester, es wird ein kleiner Bruder.
„Oje!", sagt Helli, als sie ihn das erste Mal in ihren Armen hält. „Wie sieht der denn aus?"
Winzig klein und runzlig, kahlköpfig und ohne Zähne. Ein kleiner Opi!
„Können wir ihn umtauschen?", fragt Helli vorsichtig.

Bleib bloß da drin!

„Nein, den behalten wir", sagt Papa und gibt Helli einen dicken Kuss. „Der gehört nun zu uns. Und du bist jetzt unsere Große."

Plötzlich hat Helli ein seltsames warmes Gefühl im Bauch. Sie weiß gar nicht, woher es kommt. Der kleine Kerl sieht so hilflos aus, den muss sie einfach beschützen. Und wer weiß – vielleicht ist er ja doch zu was nütze?

Nun ist sie jedenfalls nicht mehr die Einzige, die abends früh ins Bett muss. Die mittags gesundes Gemüse bekommt, obwohl Spaghetti viel besser schmecken. Und die ausgeschimpft wird, wenn was schiefgeht.

Nun ist sie die große Schwester, und große Schwestern sind prima. Gerade richtig für kleine Brüder.

Sie kann ihm später schöne Frisuren machen, hübsche Kleider schenken und den Freund mit ihm teilen. Wenn er etwas größer ist und etwas besser hineinpasst in diese große, gefährliche Welt. Bis dahin passt sie einfach gut auf ihn auf.

Das ist Hellis Familie.
Alles ist in Ordnung, genauso wie es ist.
An ihren Bruder hat Helli sich ganz schnell gewöhnt. Meistens hat sie ihn sogar sehr lieb. Nicht immer, das ist klar. Das wäre ja auch langweilig.
Bald wird Helli ihm ganz vorsichtig erklären, dass Mama ihren Bauch nicht vom Schokolade-Essen gekriegt hat. Und dass so ein dicker Bauch überhaupt nicht schlimm ist. Damit er gar nicht erst auf komische Gedanken kommt, ihr kleiner dummer lieber Bruder!

Annette Neubauer

Die Gartenmonster

„Gute Nacht, meine Lieben", sagt Mama und löscht das Licht im Kinderzimmer.
Anna und Moritz liegen schon im Bett und haben die Decken bis zu den Nasenspitzen hochgezogen.
„Kommt ihr auch wirklich allein zurecht?"
„Klar! Mach dir keine Sorgen", sagt Moritz und sieht zu seinem Nachttisch, auf dem ein Handy liegt. „Und zur Not rufen wir euch an."
„Wenn wir nicht gleich losfahren, kommen wir zu spät", ruft Papa, der schon im Flur steht und wartet.
„Zu ärgerlich, dass Tante Inge krank geworden ist", sagt Mama und dreht sich zu ihm um. „Mir wäre wohler, wenn sie bei den Kindern wäre."
„Du machst dir zu viele Gedanken", antwortet Papa, als sich Mama den Mantel überzieht. „Moritz ist doch schon groß. Und irgendwann müssen die beiden ohnehin lernen, auch mal einen Abend allein zu sein."
Sonst hört Anna nicht gerne, dass ihr Bruder älter ist als sie und bereits zur Schule geht. Aber heute Abend ist sie froh darüber. Sie ist nämlich schon ein wenig aufgeregt, ohne Mama und Papa im Haus zu bleiben.
„Anna, soll ich das Licht im Flur anlassen?", fragt

Mama. Dabei schaut sie noch einmal durch die Kinderzimmertür.

„Wir sind doch keine Babys mehr", antwortet Moritz, bevor Anna etwas sagen kann.

„Also gut", sagt Mama und zieht die Tür des Kinderzimmers leise hinter sich zu.

Einen Moment später fällt auch die Haustür ins Schloss. Anna und Moritz hören die leiser werdenden Schritte ihrer Eltern auf dem Kiesweg. Dann springt das Auto an und fährt weg.

Jetzt ist alles still.

Mucksmäuschenstill.

„So still wie noch nie!", denkt Anna und spitzt die Ohren. Zu gerne würde sie jetzt irgendein bekanntes Geräusch hören: das Schnurren ihrer Katze, das Summen des Kühlschranks oder das Rauschen des Geschirrspülers.

Auf einmal hört sie das ruhige Atmen ihres Bruders, der schon eingeschlafen ist. Und da fallen auch ihr die Augen zu.

Plötzlich wird Anna von einem durchdringenden Fauchen geweckt. Was war das?

Anna setzt sich in ihrem Bett auf. Das Geräusch kam von draußen.

Die Gartenmonster

Vielleicht sollte sie lieber schnell ins Elternschlafzimmer umziehen. Da fällt Anna wieder ein, dass Mama und Papa gar nicht da sind. Sie nimmt ihren Hasen Mümmi und drückt ihn an ihr Gesicht.
Wieder hört sie ein Fauchen. Diesmal klingt es noch unheimlicher, so als ob jemand Feuer speien würde. Ob es dort draußen Fauchmonster gibt? Gefährliche grüne Wesen, die im Garten leben?
„Moritz", wispert Anna. „Wach auf!"
Doch Moritz schläft tief und fest.
Anna fasst sich ein Herz. Mit Mümmi in der Hand steigt sie aus ihrem Bett, zieht ihre Pantoffeln an und geht zu Moritz' Bett hinüber.
„Draußen ist ein Fauchmonster", flüstert sie. Dabei schüttelt sie ihren Bruder an der Schulter.

Annette Neubauer

Moritz öffnet die Augen und sieht sie verschlafen an.
„So ein Quatsch! Es gibt keine Monster!", murmelt er, rollt sich auf die Seite und will weiterschlafen.
Doch in diesem Moment hören die Geschwister ein sirenenartiges helles Heulen.
Moritz fährt hoch. „Da ist ja wirklich jemand!", stellt er fest. „Wir müssen nachsehen, ob es ein Dieb ist."
Moritz nimmt das Handy vom Nachttisch und springt auf. Auf Zehenspitzen geht er zur Tür. Vorsichtig macht er sie einen Spalt auf und blinzelt hindurch. Anna versteckt sich hinter seinem Rücken.
Niemand ist zu sehen!
Vorsichtig huschen die beiden auf den Flur und von dort weiter durch das Wohnzimmer zur Terrassentür. Von hier aus können sie den Garten beobachten, in dem eine Lampe ihr schummriges Licht auf den Rasen und die Bäume wirft. Mit klopfendem Herzen starren die beiden hinaus und lauschen.
Schon wieder dieses Heulen! Erschrocken greift Anna nach Moritz' Hand.
Was geht da nur vor? Ob große grüne Fauchmonster gelbe Heulmonster angreifen?
Plötzlich sehen die Geschwister eine schwarze vierbeinige Gestalt auf dem Boden, die eilig auf sie zu läuft.
Ein leises „Miau" erklingt.

Dann schlägt eine Tatze an das Türglas.
„Sieh nur! Das ist Kleopatra", sagt Moritz erleichtert und öffnet ihr die Tür.
In dem Moment guckt Kalle, der Nachbarskater, hinter einem Gebüsch hervor. Ärgerlich heult er noch einmal

auf, während Kleopatra ins Haus schlüpft. Als Moritz die Tür zumacht, und sich die Katze in Sicherheit weiß, faucht sie laut zurück. Kalles Schatten verschwindet in der Nacht. Zufrieden schmiegt sich Kleopatra an Moritz' Beine.

„Hat dich Kalle wieder geärgert?", fragt Moritz und atmet erleichtert auf. „Da hattest du bestimmt Angst. Wie gut, dass wir dich gehört haben. Im Haus kann dir nichts passieren."

„Also, ich hatte eben wirklich große Angst", sagt Anna mit etwas zittriger Stimme. Dabei beugt sie sich hinunter und krault Kleopatra den Nacken.

„Ich fand die Geräusche auch richtig unheimlich! Dabei bin ich schon viel älter als du", gesteht Moritz. „Zum Glück waren es keine Einbrecher."

Obwohl sich ihre Knie immer noch wacklig anfühlen, lächelt Anna ihren Bruder an, der im Schlafanzug vor ihr steht. Ihr wird auf einmal ganz warm, weil sie merkt, wie gern sie ihn hat.

Plötzlich muss Moritz laut gähnen.

„Ich bin müde", sagt er und reibt sich die Augen. Dabei sieht er zu, wie sich Kleopatra auf einem Sessel zusammenrollt.

„Lass uns wieder ins Bett gehen."

Die Gartenmonster

Die Geschwister laufen Hand in Hand zurück ins Kinderzimmer. Kurz darauf liegen beide wieder unter ihren warmen Decken.
Als Anna das gleichmäßige Atmen ihres Bruders hört, werden ihre Lider schwer und sie schläft ein. Bald träumt sie, wie sie mit Moritz wilde Monster vertreibt, die auf Bäumen sitzen und heulen und fauchen.

Luise Holthausen

Dominik und das Lieblingsauto

„Tatütata!"
Das Polizeiauto rast die Straße entlang, vorbei an einer Schlange Autos, die im Stau stehen. Vorne an der Kreuzung ist ein Unfall passiert und da muss das Polizeiauto so schnell wie möglich hin.
„Tatütata!"
„Ihr müsst jetzt aufräumen, Kinder", unterbricht die Erzieherin Petra das Sirenengeheul von Dominik.

Dominik und das Lieblingsauto

„Danach machen wir zum Abschluss noch unseren Stuhlkreis."

„Manno", mault Dominik. Ist der Kindergartentag wirklich schon zu Ende? Er könnte noch ewig weiterspielen und am liebsten immer nur mit dem Polizeiauto.

Finn greift mit beiden Händen nach den Stauautos und wirft sie in die Spielzeugkiste. „Jetzt hilf schon mit", beschwert er sich.

„Ja, ja", sagt Dominik. Aber das Polizeiauto scheint an ihm festgeklebt zu sein. Er kann es einfach nicht in die Kiste räumen.

Zu Hause hat Dominik massenweise Autos. Wenn Oma und Opa zu Besuch kommen, bringen sie ihm immer eins mit, weil sie wissen, dass er am liebsten mit Autos spielt. Aber ein Polizeiauto war bei diesen Geschenken leider noch nicht dabei.

Dominik seufzt. „Ohne Polizeiauto kann man doch gar nicht richtig Auto spielen", überlegt er. Wie soll man denn zum Beispiel einen Unfall aufnehmen ohne Polizeiauto? Wie soll man Verbrecher fangen ohne Polizeiauto? Wie soll man Autofahrer in Not retten oder entlaufene Tiere? Genau genommen kann man überhaupt nichts spielen ohne Polizeiauto.

Dominik schaut sich um. Die Kinder tragen gerade ihre Stühle in den Kreis. Petra dreht ihm den Rücken

Luise Holthausen

zu. Finn holt einen Rennwagen unter dem Regal hervor. Keiner kümmert sich um Dominik.

Und da passiert es einfach. Das Polizeiauto verschwindet in Dominiks Hosentasche. Wie von selbst schiebt seine Hand es da hinein.

Petra kommt noch einmal in die Spielecke. „Seid ihr so weit?", fragt sie.

„Gleich", schnauft Finn. Er dreht sich suchend um. „Wo ist jetzt das Polizeiauto?"

„Hab ich schon aufgeräumt", kommt es aus Dominiks Mund. Und Dominiks Herz klopft dabei ganz schnell.

„Was wollen wir denn noch zum Abschluss spielen?", fragt Petra, als alle Kinder im Kreis sitzen.

Dominik und das Lieblingsauto

„Mein rechter rechter Platz ist frei", ruft Sina.
„Ja! Ja!", stimmen alle Kinder begeistert zu.
Alle außer Dominik.
Der muss nämlich auf das Polizeiauto aufpassen. Wäre ja oberpeinlich, wenn ihm das aus Versehen aus der Hosentasche fiele!
Sina darf anfangen. Sie klopft auf den leeren Stuhl neben sich und sagt: „Mein rechter, rechter Platz ist frei, ich wünsche mir die Anne herbei."
Das war klar. Sina und Anne sind die allerdicksten Freundinnen. Danach ist Svetlana dran. Sie wünscht sich Marie herbei. Murat wünscht sich Tom herbei. Alina wünscht sich Daniel herbei. Und so geht es immer weiter.
„Dominik!", ruft Finn.
„Was?" Dominik fährt hoch, sodass er einen Moment glaubt, jetzt kracht ihm das Polizeiauto doch noch auf den Boden. Er presst die Hand an seine Hosentasche.
„Ich wünsche mir den Dominik herbei", wiederholt Finn.
Die anderen Kinder kichern, weil Dominik nicht aufgepasst hat. Und dann kichern sie, weil Dominik sich so komisch krümmt, als er auf den Platz neben Finn schlüpft. Und dann kichern sie, weil ihm überhaupt nicht einfällt, wen er sich eigentlich herbeiwünschen soll, als sein rechter Platz frei ist.

Also irgendwie macht das Spiel heute keinen Spaß. Es macht sowieso keinen Spaß ein Spiel zu spielen, wenn man gleichzeitig auf ein Polizeiauto in seiner Hosentasche aufpassen muss.

Und da gibt sich Dominik einen Ruck und fragt mit klopfendem Herzen: „Petra, darf ich mir das Polizeiauto ausleihen?"

Petra macht ein verdutztes Gesicht. Aber dann sagt sie: „Ja, das darfst du, Dominik. Ausnahmsweise, weil du das Auto nicht einfach so mitgenommen, sondern gefragt hast. Aber du musst es morgen bestimmt wieder mitbringen."

„Ganz bestimmt", versichert Dominik.

Später holt Papa ihn vom Kindergarten ab, und da ist Dominik so was von froh, dass er das Polizeiauto nicht einfach mitgenommen, sondern richtig ausgeliehen hat!

Denn jetzt muss er das Auto nicht mehr in der Hosentasche verstecken, sondern er kann es Papa stolz zeigen. Und zu Hause muss er nicht heimlich, still und alleine damit spielen, sondern er kann mit Papa zusammen Unfälle bauen, Verbrecher jagen und Autofahrer in Not und entlaufene Tiere retten. Und dabei rast das Polizeiauto mit „Tatütata" durch die Straßen. Ganz laut und den ganzen Abend lang.

Indianer-Cowboy-Piraten-Ehrenwort

„Geht es endlich looooos?"
Paul ist total aufgeregt. Und zwar so richtig, mit Bauchkribbeln und Herzklopfen und allem Drum und Dran. Ungeduldig steht er an der Haustür und trippelt mit den Füßen hin und her.
Wo bleiben Mama und Papa denn nur?
Oh Mann, Paul kann es einfach nicht erwarten, endlich zum Flughafen zu fahren und die riesengroßen Flugzeuge zu sehen.
Papa muss nämlich auf Geschäftsreise, und Mama und Paul bringen ihn zum Flughafen. Papa soll in ein anderes Büro ganz weit weg ins Frankenreich oder so, und dort anderen Menschen erklären, was sie tun müssen. Fünf Tage soll das dauern.
Die Frankenreichländer sind wohl etwas langsam, denn sonst müsste das ja viel schneller gehen, denkt sich Paul. Fünf Tage sind schließlich eine Ewigkeit! Beim Gedanken daran, dass Papa so lange fort sein wird, bekommt Paul einen kleinen Kloß im Hals.
Er runzelt die Stirn und überlegt. Vielleicht ist es doch besser, wenn Mama und Papa nicht gleich kommen.

Dann verpasst Papa nämlich sein Flugzeug und muss hierbleiben.
Jap, das wäre perfekt!
Paul kann sich ein Grinsen nicht verkneifen, und der Kloß in seinem Hals wird sofort wieder winzigklein. Und falls Papa traurig ist, dass er das Flugzeug verpasst, dann darf er heute Nacht mit Pauls Stoffhund Bobo kuscheln.
Aber nur ausnahmsweise!
Auf einmal rumpelt es hinter Paul, und er dreht sich erschrocken um. Mama und Papa kommen in den Flur. Mit einem großen Koffer!
„Auf geht's, Großer!" Papa sieht Paul erwartungsvoll an.
Aber Paul verschränkt nur die Arme vor der Brust und schüttelt den Kopf.
„Nein, ich hab's mir anders überlegt. Du bleibst hier, Papa!"
„Ich dachte, du wolltest die Flugzeuge sehen", grinst Papa ihn an.
Flugzeuge?
Oh ja! Die Flugzeuge.
Die hat Paul ja fast vergessen.
Am Flughafen gibt es davon tonnenweise. Richtig große, so wie im Fernsehen!

Indianer-Cowboy-Piraten-Ehrenwort

Paul fühlt ein wohliges Kribbeln wie Hunderte von Fingern, die über seine Haut kitzeln.
Nein, die Flugzeuge darf er sich auf gar keinen Fall entgehen lassen! Die liebt er nämlich über alles, und wenn er mal groß ist, wird er auch ganz bestimmt Pilot werden!
Paul zwängt sich an seinem Vater vorbei und stürmt aus der Haustür.
„Kommt! Wenn wir uns nicht beeilen, sind die Flugzeuge bestimmt alle weg. Looooos!"

„Oh, wie wundertoll. Papa, Papa, guck mal. Das Flugzeug ist riesig. Da passen bestimmt zehntausend Menschen rein, stimmt's?"
Aufgeregt steht Paul auf der Aussichtsplattform des Flughafens und drückt sich die Nase an der Fensterscheibe platt. Mit großen Augen betrachtet er die Flugzeuge auf dem Rollfeld.
Überall stehen sie. Große und kleine Autos und winzige Menschen flitzen dazwischen hin und her.
Paul weiß gar nicht, wo er zuerst hingucken soll.
Papa streicht ihm lachend über die Haare. Dann beugt er sich zu ihm runter.
„Ich muss jetzt los, Paul. Aber ich bin in fünf Tagen wieder da, okay?"

„Okay!", murmelt Paul und beobachtet, wie ein riesengroßes Flugzeug von einem kleinen Auto rückwärtsgeschoben wird. Das ist ja so was von fantastisch!
Da erst bemerkt Paul, was Papa gerade gesagt hat.
Er will gehen!
Aber … aber, nein!

Paul dreht sich um und klammert sich mit ganzer Kraft an Papas Bein.
In seinem Bauch beginnt es auf einmal richtig blöd zu ziehen.
„Bleib hier, Papa. Bitte! Du kannst doch hier arbeiten, so wie sonst auch."

Tränen steigen in Pauls Augen auf, und alles ist plötzlich merkwürdig verschwommen.

Papa geht in die Hocke und umarmt Paul. „Darüber haben wir doch schon gesprochen, mein Schatz. Ich bin ja nur für fünf Tage weg. Das geht ganz fix vorbei. Versprochen."

Paul klammert sich an Mamas Hand. Von wegen fix! Fünf Tage sind eine Ewigkeit.

„Nein!", sagt Paul und stampft mit dem Fuß auf. „Du sollst hierbleiben! Warum musst du überhaupt weg? Du kannst den Leuten in Frankenreich doch auch am Telefon sagen, was sie machen sollen!"

Die ersten Tränen beginnen, sich aus Pauls Augen zu schleichen, obwohl er mit aller Kraft versucht, sie zurückzuhalten.

„Ach, mein Großer, nicht weinen." Papa versucht eine Träne von Pauls Wange zu wischen, aber der dreht den Kopf weg.

Papa seufzt und gibt erst Paul und dann Mama einen Kuss. „Tschüss, ich hab euch lieb. Bis Samstag."

Die Tränen kullern jetzt ganz schnell nacheinander über Pauls Wangen.

Papa soll nicht gehen!

„Papa!", schreit Paul so laut, dass sich alle Leute nach ihm umdrehen. Mit einem Ruck reißt er sich von Ma-

Indianer-Cowboy-Piraten-Ehrenwort

mas Hand los und rennt seinem Vater hinterher. „Nimm mich mit!"
Papa stellt seine Tasche auf den Fußboden und hebt Paul hoch. „Das geht leider nicht, Kumpel. Aber, wenn ich wieder da bin, gehen wir in den Zoo. Nur wir beide. Wir machen einen richtigen Männertag. Einverstanden?"
Nachdenklich schaut Paul seinen Vater an. Paul liebt den Zoo. All die vielen Tiere, die lauter lustige Sachen machen. Und mit Papa ist es immer besonders toll. Dann darf Paul nämlich Zuckerwatte essen und auf dem Spielplatz auf das allerhöchste Klettergerüst. Mama erlaubt ihm das nie!

„Nur wir beide?", fragt Paul flüsternd und zieht dann die Nase laut hoch. „Wirklich? Indianer-Cowboy-Piraten-Ehrenwort?"
Das ist Pauls und Papas allergrößter, geheimer Schwur, den man niemals nie brechen darf.
„Indianer-Cowboy-Piraten-Ehrenwort", verspricht Papa leise und drückt Paul noch einmal fest an sich. „Und im Gegenzug kannst du mir auch etwas versprechen?", fragt Papa geheimnisvoll.
Neugierig schaut Paul seinen Vater an.
„Passt du für mich auf Mama auf, während ich weg bin? Und hilfst ihr ein bisschen? Du bist ja jetzt schließlich schon groß. Na, was sagst du?"
Hmm, Papa hat recht, Paul ist schon ziemlich groß. Da kann er ganz sicher aufpassen, dass Mama Papa nicht zu doll vermisst. Dann würde sie nämlich bestimmt auch so ein blödes Gefühl im Bauch bekommen, und das wär gar nicht gut.
Paul muss noch einmal die Nase hochziehen. Doch bevor sich die Tränen wieder in seine Augen zurückkämpfen können, schmiegt er sich schnell an seinen Vater und reibt seine weiche Wange über dessen stoppelige. Das fühlt sich schön an und das Ziehen in Pauls Bauch wird gleich etwas weniger.

Indianer-Cowboy-Piraten-Ehrenwort

„Okay", sagt er schließlich und „Indianer-Cowboy-Piraten-Ehrenwort!"

Dann sucht er nach Mamas warmer Hand, die seine beruhigend drückt.

Papa nimmt seine Tasche, winkt und macht sich auf den Weg zum Flugzeug.

Aber dann dreht er sich noch einmal um. „Indianer-Cowboy-Piraten-Ehrenwort!", kann Paul von Papas Lippen ablesen und muss grinsen.

Papa ist bald zurück! Er hat es ja versprochen.

Sandra Grimm

Das ist mein Delfin

Marie sitzt am Frühstückstisch und schlürft ihren Kakao. „Marie, beeil dich, du musst in den Kindergarten", sagt Mama.
„Ja, ich komme", sagt Marie, springt vom Stuhl und zieht ihre Stiefel an.
Da kommt ihr kleiner Bruder Tom um die Ecke. Als er Marie sieht, versteckt er schnell etwas hinter seinem Rücken. Aber Marie hat es längst gesehen.
„Tom!", schreit sie und zerrt an seinem Arm. In der Hand hält Tom Maries Lieblingskuscheltier, ihren Stoffdelfin.
„Du sollst meinen Delfin nicht nehmen!"
Marie reißt Tom den Delfin aus der Hand. Tom weint, aber das ist Marie egal. Sie ist sauer. Manchmal mag sie ihren Bruder gar nicht! Immer nimmt Tom ihre Sachen.
„Ach Marie, Tom findet Delfine eben auch ganz toll!", sagt Mama.
„Dann soll er sich einen zum Geburtstag wünschen", mault Marie. „Meinen kriegt er nicht!"
Sie stopft den Delfin in ihre Jackentasche, und als Papa sie in den Kindergarten bringt, sagt sie Tom nicht auf Wiedersehen.

Aber als Marie in ihrer Kindergartengruppe sitzt und bastelt, fühlt sie sich gar nicht gut. Tom hat so geweint. Aber er soll nun mal nicht ihre Sachen wegnehmen! Marie seufzt.
„Nanu, warum bist du denn so traurig?", fragt Anja, die Erzieherin.
Marie erzählt ihr, was passiert ist.
„Oh, das ist schwierig", findet Anja. „Was machen wir da bloß? Ich denke, Tom braucht seinen eigenen Delfin."
Marie sieht sie fragend an. „Aber ich hab doch nur den einen!", sagt sie.
„Ich habe eine Idee", sagt Anja geheimnisvoll. „Du kannst Tom sagen, dass er morgen eine Überraschung von dir bekommt!"
Dann geht Anja zu Bianca, der anderen Erzieherin, und die beiden tuscheln zusammen.

Als Marie mittags nach Hause kommt, erzählt sie Tom gleich, dass sie morgen eine Überraschung für ihn hat.
„Ein Geschenk?", fragt Tom und strahlt.
Marie nickt und lächelt, weil Tom sich so freut.

Am nächsten Morgen ruft Anja die Kinder zusammen. „Heute basteln wir mit euch etwas ganz Tolles: ein Kuscheltier!"

Sandra Grimm

Anja und Bianca haben am Abend vorher aus buntem Fellstoff Tiere ausgeschnitten und zusammengenäht. Am Rücken der Tiere haben sie ein kleines Loch offen gelassen. Jetzt darf jedes Kind sich ein Tier aussuchen. Da gibt es Enten und Bären, Elefanten und Hunde, Hasen und Fische. Aber nur einen Delfin. Und den gibt Anja Marie.

Das ist mein Delfin

„Hier, Marie", sagt sie und blinzelt ihr zu.
Dann holt sie Kartons mit weißer Watte. Die stopfen die Kinder durch das Loch, bis die Tiere dick und rund sind und so richtig schön kuschelig weich. Marie gibt sich besondere Mühe, und bald ist ihr Delfin fertig.
Anja und Bianca nähen die Tiere oben zu, und die Kinder dürfen noch Augen und Mund aufkleben.
Pünktlich zum Mittag sind alle Stofftiere fertig. Stolz sieht Marie ihren Delfin an.
„Er ist richtig hübsch geworden", findet Anja.
Marie nickt. Er ist fast schöner als ihr eigener. Sie überlegt, ob sie ihn lieber selbst behalten soll, anstatt ihn Tom zu schenken.

Da sieht sie Mama und Tom durch die Eingangstür kommen.
„Hallo, Marie!", ruft Mama.
„Wo ist mein Geschenk?", fragt Tom.
Marie lächelt. Sie läuft schnell zu Tom und drückt ihm den Delfin in den Arm. Und als sie sieht, wie sehr Tom strahlt, freut sich Marie ganz doll. Manchmal mag sie ihren Bruder nämlich sehr!

Edith Schreiber-Wicke

Kai liebt Sarah liebt Tim

Am Anfang wusste Kai nicht genau, was es war. Es brummelte im Bauch, kribbelte im Magen und trommelte in den Ohren.
Alles zusammen fühlte sich seltsam an. Aber ganz angenehm.
Kai brauchte ein paar Tage, um herauszufinden, woran es lag.
Dann wusste er es.
Immer wenn Sarah ihn ansah, dann brummelte es im Bauch, kribbelte im Magen und trommelte in den Ohren.
Noch nie war Kai so gern aufgestanden. Er trödelte auch nicht mehr beim Anziehen. Er trank seinen Frühstückskakao in einem Zug aus. Und hatte keine Schwierigkeiten damit, seine Turnschuhe zuzubinden.
„So gern bist du noch nie in den Kindergarten gegangen", sagte Kais Mutter verwundert.
Dann kam der Tag, an dem Sarah Kais Hand nahm. Es war beim Spielen im Garten.
„Willst du nicht mein Freund sein?", fragte Sarah. Und erklärte auch gleich, warum sie fragte. „Mit dir spiel ich nämlich am allerliebsten."

Kai nickte stumm und ließ Sarahs Hand erst los, als sie auf die Schaukel klettern wollte.
Als Kai mit seiner Mutter nach Hause ging, wunderte er sich darüber, dass es auf einmal keine grauen Häuser mehr gab. Irgendwer hatte alle himmelblau und hellgelb und rosarot bemalt. Kai hatte das Gefühl, es würde jeden Augenblick Teddybären regnen.

Sarah redete ziemlich viel. Genau genommen redete sie immer. Kai fand das sehr praktisch, weil er überhaupt nicht gern redete.
Sarah sagte witzige Sachen, über die man lachen konnte. Sie fragte nach allem, was sie wissen wollte. Sie schimpfte laut, wenn sie sich ärgerte. Aber das Schönste war eindeutig, wenn sie sagte: „Kai ist mein Freund!" Sie sagte es ziemlich oft.
Zum Glück konnte Kais Mutter Sarahs Mutter gut leiden. Und Kais Vater konnte mit Sarahs Vater über Computer reden. Das war sein Lieblingsthema.
Kai war es egal, worüber die Großen redeten. Wichtig war ihm, dass es keine sarahlosen Sams- und Sonntage mehr gab.
Und nie mehr schlechtes Wetter. Sonne war sowieso in Ordnung. Und Regen war genauso gut. Weil man da im Zimmer Memory und Domino spielen konnte.

Dann war plötzlich alles anders.
Dieser ganz bestimmte Tag benahm sich vom allerersten Augenblick an sehr verdächtig. Beim Frühstück stürzte sich die Kakaotasse kopfüber vom Tisch. Dann versteckte sich Kais linker Turnschuh unter einem Stapel Altpapier.

Zu böser Letzt war da auch noch eine Stufe zu wenig oder zu viel. Jedenfalls musste Kais zerschrammtes Knie mit einem Pflaster versorgt werden.

An diesem Tag kam Kai viel später als sonst in den Kindergarten. Als Kai ankam, war Sarah schon da. Sie saß mit den anderen Kindern im Kreis. Neben ihr war kein Platz mehr frei.

Auf einer Seite saß Tim.

Auf der anderen Seite saß Hannah.

Kai setzte sich auf einen freien Platz. Sarah bemerkte nicht, dass Kai da war. Sie redete mit Tim.

Das Buchstabenspiel war einfach. Man steckte magnetische Buchstaben an eine Tafel. Erst sollte jedes Kind seinen Namen schreiben. Und dann den Namen eines anderen Kindes.

Kai schrieb SARAH, Sarah schrieb TIM.

Als später alle in den Garten gingen, hielt Sarah Tims Hand.

„Wo ist Sarah?", fragte Kais Mutter, als sie ihn abholen kam.

Kai sagte nichts. Er zog seine Turnschuhe an und ging zur Tür.

„Willst du denn nicht auf Sarah warten?", wunderte sich Kais Mutter.

Kai schüttelte den Kopf. „Sie liebt jetzt den Tim."
Er schaute seine Mutter an. Wenn sie das komisch fand, dann würde er fortgehen und sich eine neue Familie suchen.
Kais Mutter lachte nicht. Sie fragte auch nicht. Sie nahm nur seine Hand ein bisschen fester und kaufte ihm seinen Lieblings-Schokoriegel. Leider schmeckte der Schokoriegel nach Salz, was Schokoriegel nun wirklich nicht tun sollen.

Kai hätte gerne eine Hexe gefragt, wie man jemanden in eine Kröte verwandelte.
Oder in ein Warzenschwein.
Oder in eine Fledermaus.
Nein, noch besser: in eine dicke fette Fliege.
Aber Kai kannte keine einzige Hexe. Und die selbst erfundenen Zaubersprüche wirkten nicht.
Daher war Tim am nächsten Tag immer noch Tim. Und an allen weiteren Tagen auch.
Kai versuchte es mit anderen Zaubertricks. Er stand am Fenster seines Zimmers und schaute auf die Straße. Wenn der nächste Hund, der vorbeikommt ein Dackel ist, dann wird alles so wie früher, dachte er. Er wusste, dass in der Nachbarschaft nicht weniger als fünf Dackel wohnten.

Es kam kein Dackel. Es kam ein riesiges, schwarzstruppiges Monster.
Kai beschloss die nächsten drei Hunde auch noch gelten zu lassen.
Erst kam ein Dalmatiner.
Dann ein Boxer.
Zuletzt einer mit Schlappohren und krummen Beinen.
Er war aber leider viel zu groß für einen Dackel.
Da wusste Kai, es würde nie mehr wie früher werden.

Es wurde ganz anders.
Kai kam wieder einmal zu spät in den Kindergarten.
Er hatte nicht aufstehen wollen. Der Kakao war viel zu

heiß gewesen. Und die Turnschuhe hatten sich gegen das Zubinden gewehrt.

An der Magnettafel stand Hannah und schrieb ein Wort. „K" und „A" steckten schon an der Tafel. Das „I" hielt sie noch in der Hand.

Hannah drehte sich um und schaute Kai an.

Kai schaute Hannah an und wollte es zunächst nicht glauben. Aber es war einfach nicht zu überspüren: Es brummelte im Bauch, kribbelte im Magen und trommelte in den Ohren.

Claudia Ondracek

Auch Piratinnen kämpfen

Auf den Sandbergen am See haben die Piraten das Sagen. Das ist ihre Pirateninsel.
Wenn Wiebke dort spielen will, kommandieren die Jungs sie ganz schön herum.
„Trag unsere Säbel", befehlen sie.
„Putz die Kanonen!"
Oder: „Hol uns Apfelsaft!"
Und immer macht Wiebke, was sie wollen. Denn die Piraten sind wilde Kerle, die laut brüllen und mit Stöcken herumfuchteln. Da traut Wiebke sich nicht, Nein zu sagen.
Auch den Bootssteg haben die Jungs besetzt.
„Das ist unser Schiff", behaupten sie. „Mädchen haben hier nichts zu melden!"
Und dann muss Wiebke wieder machen, was die großen Jungs wollen.
Dabei würde Wiebke manchmal einfach nur gerne auf dem Steg sitzen, die Beine baumeln lassen und ins Wasser schauen.
Aber das lassen die Jungs nicht zu.
„Faulenzen geht nicht", sagen sie. „Schrubb das Deck, oder du musst von Bord!"

Claudia Ondracek

Doch eines Tages sitzt auf dem Bootssteg ein Mädchen, baumelt mit den Beinen und lässt Steine übers Wasser springen. Richtig weit hüpfen die!
„He, was machst du da?", brüllen die Piraten.
„Das ist unser Piratenschiff. Hau sofort ab!"
Aber das Mädchen denkt gar nicht daran, zu verschwinden.
„Wieso?", sagt sie einfach und bleibt sitzen. „Das ist mein Schiff, ich war als Erste da!"

„Aber wir spielen hier schon viel länger!", schreien die Piraten und rasseln drohend mit ihren Holzsäbeln.
Doch das Mädchen rührt sich nicht von der Stelle.
Wiebke staunt. Was die sich traut!

„Willst du mit mir zur See fahren?", fragt das Mädchen da. Sie heißt Katrin und hat lachende grüne Augen.

Wiebke schielt zu den Jungs. Die haben sich oben auf die Sandberge zurückgezogen und beratschlagen. Sie führen etwas im Schilde, das ahnt Wiebke. So einfach geben die ihr Schiff nicht auf.

„Komm, wir fahren den Piraten einfach davon", sagt Katrin da und hält zwei Stöcke hoch. „Hier sind unsere Ruder!"

Wiebke muss lachen. Davonrudern klingt gut. Richtig gut! Kurz entschlossen setzt sie sich neben Katrin auf den Bootssteg. Sie tauchen die Stöcke ins Wasser und fahren hinaus aufs Meer.

Dort lässt Katrin wieder Steine übers Wasser springen.

„Zeigst du mir, wie das geht?", fragt Wiebke.

„Klar", antwortet Katrin. „Du brauchst ganz flache Steine." Sie reicht Wiebke einen von ihrem Haufen. „Und dann wirfst du so ..." Sie macht es Wiebke vor. Fünf Mal springt er!

Wiebke versucht es auch. Ihr Stein springt zwei Mal, immerhin!

Sie will es noch mal probieren, da ertönt lautes Gebrüll. Die Jungs rennen johlend den Sandberg herunter.

„Angriff, wir kapern das Schiff", brüllen sie. „Ergebt euch!"

Auch Piratinnen kämpfen

Wiebke zuckt zusammen. Also doch! Die Jungs geben eben nicht so schnell auf. Die behalten das Sagen. Sie will den Bootssteg schon verlassen.
Aber Katrin rührt sich nicht von der Stelle. „Von wegen!", ruft sie laut. „Wir kämpfen!"
Wiebke schaut sie erstaunt an. Kämpfen? Gegen die Jungs? Die sind wild und größer und mehr – und außerdem Piraten! Da haben sie doch gar keine Chance!
Katrin springt auf und packt entschlossen ihren Stock. „Wir sind auch Piratinnen. Und die hauen nicht einfach ab, wenn die Jungs mit den Säbeln rasseln. Die haben Mut und kämpfen!" Sie schaut Wiebke an. „Kämpfst du mit?"
Wiebke zögert. Dann nickt sie. Ja, sie will auch kämpfen! Sie will sich nicht wieder herumkommandieren lassen. Mit Katrin traut sie sich. Sie greift nach ihrem Stock.
„Feuer!", schreit Katrin und schlägt wild mit dem Stock ins Wasser, dass es nur so spritzt.
Wiebke tut es ihr nach. Die Jungs werden ordentlich nass und fluchen.
Wiebke lacht.
Das macht die Piraten noch wilder.
„Feuer!", brüllen sie und werfen mit Sand.
„Deckung", ruft Katrin und duckt sich.

Claudia Ondracek

Wiebke kriegt eine volle Ladung Sand ab. Vor Schreck macht sie einen Schritt rückwärts. Sie tritt auf die Kante des Bootsstegs. Ihr Fuß rutscht ab. Wiebke verliert die Balance. Sie rudert wild mit den Armen. Zu spät – mit einem Schrei platscht Wiebke ins Wasser.
Sie prustet und paddelt, sie spuckt und strampelt.
Der See ist kalt und voller glitschiger Schlingpflanzen.
„Mann über Bord", ruft Katrin erschrocken.

Auch Piratinnen kämpfen

Die Jungs hören sofort auf zu schießen.
Katrin kniet sich auf den Bootssteg und reicht Wiebke die Hand. Die greift danach.
Leise flüstert Katrin ihr zu: „Reiß ein paar Schlingpflanzen aus, wir brauchen unbedingt Munition!"
Wiebke zögert. Schlingpflanzen sind eklig. Aber Munition ist wichtig. Beherzt greift sie ins Wasser und reißt ein paar Schlingpflanzen aus.

Katrin zieht sie zum Steg. Wiebke gibt ihr die Schlingpflanzen. Dann stemmt sie sich schnell hinauf. Ihre Kleider triefen, und ihre Haare tropfen. Aber das ist Wiebke egal – Hauptsache sie haben Munition! Jetzt können sie weiterkämpfen!

„Feuer!", schreien die Mädchen wieder und werfen mit den glitschigen Schlingpflanzen nach den Jungs. Die treten schimpfend den Rückzug an.

„Sieg!", ruft Katrin begeistert. „Das Schiff bleibt unser!" Auch Wiebke lacht, obwohl sie patschnass ist.

Sie hat es den Jungs gezeigt. Gemeinsam mit Katrin hat sie sich getraut. Jetzt lässt sie sich nicht mehr einfach so von den Piraten herumkommandieren. Auch wenn die wild und größer und mehr sind. Katrin und sie sind auch Piratinnen!

„Wollen wir Frieden schließen?", ruft Wiebke den Piraten zu.

Zögernd kommen die Jungs zurück. „Unter welchen Bedingungen?"

„Morgen wohnen wir auf der Pirateninsel, und ihr segelt aufs Meer", schlägt Wiebke vor.

Die Jungs halten Kriegsrat. Dann stimmen sie dem Vorschlag zu.

„Aber vielleicht überfallen wir euch", sagen sie herausfordernd.

Wiebke und Katrin schauen sich an.
„Dann werden wir kämpfen", sagen die beiden wie aus einem Mund und lachen.
Wiebke nimmt Katrin an der Hand.
„Kommst du mit zu mir?", fragt sie. „Ich brauche dringend trockene Sachen!"
Katrin nickt. „Und ich was zu trinken – nach dem Kampf!"

Quellenverzeichnis

Grimm, Sandra „Das ist mein Delfin", aus: Kleine Delfingeschichten zum Vorlesen, ©Dressler Verlag, Hamburg 2006.

Holthausen, Luise „Dominik und das Lieblingsauto", aus: dies., Als das Spielzeug spielen wollte, ©Carlsen Verlag GmbH, Hamburg 2014.

Lückel, Kristin „Indianer-Cowboy-Piraten-Ehrenwort", ©bei der Autorin.

Mauder, Katharina „Nervkröte trifft Machoknödel", ©bei der Autorin.

Neubauer, Annette „Die Gartenmonster", aus: Die kleinen Lesedrachen. Die schönsten Mutmach-Geschichten zum Vorlesen, Mitlesen und Selbstlesen, Klett Lerntraining, 2012, S. 33–38.

Ondracek, Claudia „Auch Piratinnen kämpfen", aus: Die kleinen Lesedrachen. Die schönsten Mutmach-Geschichten zum Vorlesen, Mitlesen und Selbstlesen, Klett Lerntraining, 2012, S. 104–111.

Rieckhoff, Sibylle „Bleib bloß da drin!", ©bei der Autorin.

Schreiber-Wicke, Edith „Kai liebt Sarah liebt Timm", ©bei der Autorin.

Zöller, Elisabeth „Das Dreirad in der Dusche", ©bei der Autorin.